Eugène MAURY

LES CHEVALIERS DE L'ARQUEBUSE

DE

BAR-SUR-AUBE

(1610-1790)

GRANDE IMPRIMERIE DE TROYES

126, Rue Thiers, 126

1912

Eugène MAURY

LES
CHEVALIERS DE L'ARQUEBUSE

DE

BAR-SUR-AUBE

(1610-1790)

GRANDE IMPRIMERIE DE TROYES

126, Rue Thiers, 126

1912

LES
CHEVALIERS DE L'ARQUEBUSE

DE

BAR-SUR-AUBE

(1610-1790)

Beaucoup de villes, dans le pays qui formait autrefois la Champagne, possédaient une compagnie d'Arquebusiers. Les principales de ces compagnies étaient celles de Châlons-sur-Marne, Château-Thierry, Meaux, Provins, Reims et Troyes.

A côté de celles-là, il y en eut d'autres, de moindre importance, mais dont, cependant, l'histoire est encore intéressante : celles d'Arcis-sur-Aube, *Bar-sur-Aube*, Bar-sur-Seine, Chaumont, Joinville, Maizières, Sainte-Menehould, Nogent-sur-Seine, Villemaur, Villenauxe (1).

J'ai essayé de faire, pour l'Arquebuse de Bar, ce que d'autres ont fait pour les sociétés de Châlons, de Troyes, de Chaumont, de Villenauxe (2).

Les Archives communales de Bar m'ont fourni beaucoup de notes : registres de *Délibérations*, et liasse des *Biens nationaux*. Les Archives départementales (E. 1167 et C. 368) et la Bibliothèque

---

(1) Tous ces noms sont mentionnés dans le *Registre des Arquebusiers de Troyes* (Archives départementales. E. 1167).

(2) Sellier, *Notice historique sur la Compagnie du noble jeu de l'Arc ou des Arquebusiers de Châlons-sur-Marne*, 1857. — Finot, *Les Archers, les Arbalétriers, les Arquebusiers de Troyes*, 1858. — Cousin, *Les Chevaliers de l'Arquebuse* (de Chaumont). 1878. — Bardet, *Les Chevaliers de l'Arquebuse de Villenauxe-la-Grande*, 1894.

nationale (Collection de Champagne) m'ont donné aussi de précieux documents

Je me suis efforcé de coordonner le mieux possible, sans autre prétention, ces matériaux qui pourront être utilisés par un historien, pour une étude générale sur les Arquebusiers champenois.

I

Les jeux de l'Arc et de l'Arbalète remontent à une époque fort ancienne. Le roi Charles V, par une ordonnance rendue en 1369 (1) les recommandait comme propres à développer la force et l'adresse ; il invitait même à créer des prix en faveur des joueurs les plus habiles.

Quelques années plus tard, en 1394, sous Charles VI, on défendit les jeux de hasard et même le jeu de *paume*. Par contre, ceux de l'arc et de l'arbalète furent maintenus.

« Cela fut cause, dit le moine de Saint-Denis, que tous les hommes et même les enfants se livrèrent à ces jeux avec tant de zèle qu'ils y devinrent plus adroits que les Anglais eux-mêmes ».

Aussi, presque toutes les villes et beaucoup de villages avaient des fêtes spéciales dans lesquelles les habitants s'exerçaient au tir. Au XVe siècle l'arquebuse remplaça l'arc et l'arbalète. Des sociétés se constituèrent, adoptant la nouvelle arme : ce furent des sociétés d'Arquebusiers ou « Compagnies du noble jeu de l'Arquebuse ». Les rois reconnaissant tout le parti qu'ils pourraient retirer de ces sociétés, en encouragèrent l'établissement dans les villes frontières du royaume.

Bar-sur-Aube ne posséda une compagnie d'Arquebusiers qu'à la fin du règne de Henri IV, compagnie qui fut établie, sur la demande des habitants, par lettres patentes données au mois de mai 1610. Ces lettres enregistrées en la cour des aides et en l'élection, furent confirmées par autres lettres de Louis XIII en 1633, de Louis XIV en 1658 et 1707, de Louis XV en 1725 et en 1732.

Les lettres d'établissement permettaient à nos Arquebusiers de

---

(1) Ordonnance qui défend de jouer à certains jeux de hasard ou autres et qui enjoint de s'exercer à l'arc et à l'arbalète (3 avril 1369).

tirer de l'arbalète, mais l'arrêt d'enregistrement leur fit défense de se servir d'autre arme que l'arquebuse.

Voici le teneur des lettres de 1707 :

Louis, par la grâce de Dieu. roy de France et de Navarre, à tous ceux qui ces présentes lettres verront, salut, le désir que nous avons toujours eu à l'exemple des roys nos prédécesseurs, d'exciter les habitants des villes frontières, à s'appliquer à l'exercice des armes pour en tirer, *dans la suite les secours qui seraient nécessaires pour le bien de l'Etat, nous engagea d'accorder aux habitants de notre ville de Bar-sur-Aube,* et aux officiers et chevaliers du noble jeu d'Arquebuse en ladite ville nos lettres patentes du mois de janvier 1658 confirmatoires de celles de notre très cher père et aïeul les rois Louis treize et Henri quatre, portant que celui qui abattrait papegaux ou oiseaux, tant à l'arbalète qu'à l'arquebuse, aux jours destinés à le *(sic)* tirer serait exempt pendant l'année seulement, de toutes tailles, subsides et aides, guet et garde de portes et de toutes autres sortes d'impositions et que celui qui l'aurait abattu pendant trois années consécutives et sans interruption jouirait sa vie durant de cette exemption, ce qui a paru dans la suite si utile et si avantageux pour le service de Sa Majesté et le bien de l'état, que *plusieurs autres villes de la province de Champagne* obtinrent la même grâce, comme *Langres, Chaumont et autres,* mais parce que nosdites lettres patentes de 1658 n'ont pas été enregistrées en notre cour des aides à Paris, lesdits habitants, dans la crainte d'être troublés dans ces privilèges ayant eu recours à nous, ils ont obtenu arrêt en notre Conseil d'Etat, le 21 juin 1707, par lequel nous avons ordonné que lesdites lettres patentes *seraient exécutées et qu'à cet effet toutes lettres nécessaires seraient expédiées. Lesquels lesdits habitants nous ont très humblement fait supplier de vouloir leur accorder.* A ces causes, de l'avis de notre conseil qui a vu ledit arrêt et les lettres patentes du mois de janvier 1658, ensemble celles y énoncées et attachées sous le scel de notre chancellerie, nous conformant à l'avis de notre aimé et féal conseiller en notre conseil, maître des requêtes ordinaires de notre hôtel, commissaire départi pour l'exécution de nos ordres, en la province de Champagne, avons ordonné et ordonnons, par ces présentes, si-gnées de notre main, que nos lettres patentes du mois de janvier 1658 et celles qu'elles ont confirmées soient exécutées en leur forme et teneur. Ce faisant, voulons et nous plaît que celui qui aura abattu l'oiseau aux jours à ce destinés en ladite ville de Bar-sur-Aube, jouisse pendant l'année dans laquelle il aura abattu l'oiseau de l'exemption de taille, subsides et autres impositions et que ceux qui l'auront abattu pendant trois années consécutives en jouissent leur vie durant. Si donnons man-dement... faire jouir et user lesdits habitants de ladite ville de Bar-sur-

Aube et les Officiers et Chevaliers du noble jeu d'Arquebuse de ladite ville pleinement et paisiblement, sans souffrir qu'il leur soit fait ou donné aucun trouble ni empêchement, au contraire. Car tel est notre plaisir.

« Donné à Versailles le 9e août l'an de grâce 1707 et de notre règne le soixante et cinquième.

« Signé au bas : Louis et sur le repli : Par le Roi, Colbert ».

Enregistré à la cour des aides de 13 août 1707 (1).

A partir de 1786, les chevaliers de Bar ne se réunirent plus régulièrement. C'était un signe de décadence.

Un décret de l'assemblée nationale, en date du 13 juin 1790 ordonna la dissolution de tous les corps privilégiés, ne faisant pas de distinction en faveur des sociétés d'Arquebusiers. Les chevaliers étaient incorporés « dans la garde nationale, sous l'uniforme de la Nation, sous les mêmes drapeaux, le même régime, les mêmes officiers, le même état-major ». Trois ans après, la loi du 24 avril 1793 supprimait à nouveau toutes les compagnies de ce genre et déclarait leurs propriétés « biens nationaux ».

Nous verrons plus loin ce qu'il advint du terrain de notre Arquebuse.

II

Les chevaliers se réunissaient à la Butte, dans un terrain leur appartenant. Là, ils s'exerçaient à leur jeu favori.

Une fois par an, c'était le grand tir. Dans les premiers temps, il avait lieu le lendemain de la Pentecôte; plus tard, il fut remis à la fin de juin et même en juillet. En 1707, il eut lieu le 21 septembre ; en 1708, le 6 août et le 1er septembre en 1709 (1).

Au jour assigné pour le tir, la compagnie, au complet et sous les armes, drapeau déployé et tambours battants, se rendait à l'Hôtel de Ville, « à l'heure de deux après-midi. Elle présentait à l'assemblée

---

(1) Archives communales *Délibérations*. Transcrit à la date du 2 septembre. — Les mots en italique sont soulignés dans l'acte de transcription.

(1) Arch. comm. *Délibérations*.

municipale, réunie pour la circonstance, l'oiseau ou papègai (1) fixé au bout d'une perche. La municipalité s'assurait que l'oiseau était « bien conditionné et bien clouetté dessous et dessus ». Ensuite, chevaliers et officiers municipaux se rendaient de concert à la Butte. La perche était plantée. Le maire, ou, en son absence, le premier échevin, prenait une arme et tirait le premier coup « d'en bas », puis il partait suivi des officiers municipaux ; un détachement les reconduisait à l'Hôtel de Ville.

Les chevaliers continuaient le tir. Celui qui jetait bas l'oiseau était proclamé roi. Il était conduit triomphalement dans l'église des Cordeliers, pour « y être harangué et couronné », et, de là à l'Hôtel de Ville où on lui donnait « acte » de sa « royauté ».

Quelquefois, l'oiseau restait pendant plusieurs jours sans être abattu. C'est ce qui arriva en 1760 : le tir commença le lundi 26 mai et se continua toute la semaine sans succès. Les Arquebusiers de Bar-sur-Seine apprirent cela ; ils vinrent dans notre ville, se présentèrent le 2 juin à la Butte et demandèrent à tirer conjointement avec ceux d'ici. Ces derniers refusèrent et en référèrent à l'assemblée municipale. Les deux compagnies, tambours battants, enseignes déployées se présentèrent à l'Hôtel de Ville. On discuta longtemps.

« Nous nous sommes rendus exprès en cette ville, dirent en substance les Barséquanais, à l'effet de tirer conjointement avec la compagnie de cette ville, pendant vingt-quatre heures, conformément aux droits et usages respectifs de toutes les Arquebuses du Royaume, lorsque l'oiseau est resté trois jours sur la perche sans être abattu.

— Nous ne reconnaissons point « le droit et l'usage prétendus » des autres compagnies d'Arquebuse, répondirent nos chevaliers, par l'organe de leur capitaine, M. Clausse de Surmont. Le même cas s'est présenté plusieurs fois en cette ville, sans qu'il y ait mémoire qu'aucune compagnie se soit présentée pour tirer conjointement avec celle de cette ville ». Nos statuts et réglements ne nous l'indiquent pas non plus. C'est pourquoi nous nous opposons formellement à la prétention de nos adversaires, à moins, cependant, que ces Messieurs « ne justi-

____

(1) Appelé encore *papegault*. Ce nom vient sans doute du mot espagnol *papagayo*, qui signifie perroquet.

fient d'un droit particulier.à leur compagnie et qui doit s'étendre aux compagnies de la généralité de Châlons ».

Nous comprendrions encore la prétention des chevaliers de Bar-sur-Seine, « s'il y avait négligence de la part de la compagnie de cette ville, ce qui ne peut lui être imputé, puisqu'il est de fait que l'oiseau a été bien attaqué et même partagé par le milieu, en sorte qu'il n'en reste que quelques fragments, ce qui en rend l'abat d'autant plus difficile ».

— C'est vrai, riposta M. Vautier, de Bar-sur-Seine, que l'Arquebuse de cette ville a tiré « avec exactitude », mais l'oiseau est toujours sur la perche « depuis huit jours ». Il doit pourtant y avoir un temps déterminé pour l'abat du papegai, sans quoi « le tirage de l'oiseau qui a pour but un exercice d'adresse deviendrait un jeu de hasard et détruirait l'émulation ». Aussi, puisque les chevaliers de cette ville ne connaissent point un usage constant et « passé en droit », nous réquérons qu'il soit sursis au tirage actuel, jusqu'à ce que « les Supérieurs » en aient décidé.

— Nous protestons énergiquement contre la prétention de l'Arquebuse de Bar-sur-Seine, répliqua le disert M. de Surmont, et nous demandons « que le tirage soit continué ainsi qu'il a été commencé, avec exactitude et sans discontinuation ».

Après cette réplique, l'assemblée municipale donna acte aux deux sociétés rivales de leurs « réquisitions, protestations et oppositions » et décida que le tir serait continué « sans interruption » par l'Arquebuse de notre ville seule. Et elle formulait une réserve: « le tout sans que la présente délibération puisse nuire ni préjudicier aux parties auxquelles tous droits et moyens demeurent réservés pour les exercer par devant qui il appartiendra » (1). Le lendemain, à 4 heures 1/2 du soir, l'oiseau était abattu par Nicolas Dutailly (2).

Si l'on en croit Claude Haton, les Arquebusiers de Bar-sur-Seine pouvaient bien avoir raison. Il raconte en effet que les Arbalétriers de Rozoy en Brie se rendirent à Provins le 22 août 1579 pour tirer à la Butte contre les Arbalétriers de cette ville.

---

(1) Arch. comm. *Délibérations*.
(2)   id.   *id.*

Notre chroniqueur rapporte encore que ces mêmes Arquebusiers de Provins allèrent à la fin de juillet 1580 tirer à la Butte de Villenauxe et que ceux de Villenauxe se rendirent à Provins quinze jours après (1). Mais, peut-être, après tout, s'agit-il ici de concours locaux.

Quoi qu'il en soit, on n'entend plus parler nulle part de cette dispute entre les Arquebuses des deux Bar.

Outre ces prix *annuels* et *locaux,* les chevaliers de la Champagne, de la Brie, de l'Ile-de-France et de la Picardie s'offraient mutuellement des prix *généraux* et *provinciaux.*

La compagnie d'Arquebuse de Bar-sur-Aube a rendu le prix général en 1646 et en 1683. Rien, dans les registres de délibérations de l'époque, ni dans les livres de comptes, ne nous indique que la ville contribua aux dépenses nécessitées par ces concours. Néanmoins, nous pouvons penser que ces fêtes furent brillantes, car nos chevaliers ne voulurent sans doute pas faire moins que leurs frères d'armes des autres villes.

Il y a aux Archives communales de la ville de Chaumont, une feuille imprimée, intitulée : « Mémoire comme l'on est gouverné au prix de Bar-sur-Aube ». On y voit la liste des prix à décerner au concours de 1646 (2). (Ce document sera reproduit aux *Pièces justificatives).*

Nos Arquebusiers prirent part aux concours de Troyes, en 1624; de Chauny, en 1680 ; de Châlons, en 1662 et 1748 ; de Meaux, en 1717 et 1778 ; de Saint-Quentin, en 1774 et de Nogent-sur-Seine, en 1783 (3). Quelques-uns remportèrent des prix à Troyes et à Chauny. A Troyes, le chevalier Lallement occupait un des premiers rangs parmi les vainqueurs (4). Au tir provincial de Meaux, le 29 août 1717, 57 villes étaient représentées, avec 962 chevaliers. Bar-sur-Aube y figurait avec 4 chevaliers, 1 lieutenant, 1 tambour, 1 fifre; Bar-sur-Seine avait 6 chevaliers ; Nogent, 15 et Troyes, 18 (5).

---

(1) Claude Haton, *Mémoires* publiés par F. Bourquelot.
(2) Arch. comm. de Chaumont, *8ᵉ série, cote D, 6ᵉ dossier.*
(3) Arch. comm. *Délibérations,*
(4) Arch. départementales de l'Aube, *E. 1167, registre.*
(5) *Annales de la Société historique de Château-Thierry,* 1875.

III

Nous avons vu plus haut quels étaient les privilèges concédés au roi de l'Arquebuse ou *roi de l'Oiseau :* exemption, pendant l'année, de taille, subsides et autres impositions. Dans ces « autres impositions » étaient comprises les charges municipales. Celui qui était roi pendant trois années consécutives devenait *empereur.* Il jouissait des mêmes exemptions sa vie durant, et sa veuve, après lui, tant que durait son veuvage (1).

La déclaration du roi en date du 13 juillet 1764 ayant limité l'étendue des privilèges personnels, le roi de l'Arquebuse fut « sujet à « la taille pour l'exploitation de ses propres et des héritages qu'il « tenait à ferme ou à loyer », mais il ne devait être imposé qu'à 5 sols de taille principale et 5 sols de capitation, pour son logement, sa pro- -fession, son industrie et sa propriété, durant l'année qui suivait l'abat de l'oiseau. En outre, il était exempt, pendant un an, de corvées, guet et garde, et de logement de gens de guerre, « excepté les cas de foule ». De plus, il jouissait, sur les vins au détail vendus par lui, de l'exemption du droit de courtepinte (2).

En certaines localités, les rois et les empereurs avaient le privilège de vendre, ou de faire vendre, sans en acquitter les droits, ou en payant des droits très réduits, une quantité de vin, qui variait selon les lieux : 25 muids à Rozoy-en-Brie et 50 à Château-Thierry, par exemple (3). A Troyes, le roi pouvait entrer dans la ville, en toute franchise, 30 muids de vin, en 1714. Plus tard, cette quantité fut réduite à 20 (4).

Dans les premiers temps de l'institution de l'Arquebuse, à Bar-sur-Aube, il se pouvait que le roi reçût une somme d'argent de la ville, car en 1656, la municipalité lui octroya 13 livres (5).

---

(1) Chevalier, *Histoire de Bar-sur-Aube.*

(2) Arch. comm. Ordonnances de divers intendants, *Série E. E,* (en cours de classement).

(3) Poquet, *Histoire de Château-Thierry.*

(4) Finot, *ouvrage cité.*

(5) Arch. comm. *Délibérations.*

Au xve siècle, la ville d'Auxerre donnait une somme de 10 livres (1) ; Chambéry, cent ans plus tard, 10 florins (2), et Troyes, au xviie siècle, 40 livres (3). Depuis 1674, le roi de l'Oiseau, à Dijon, recevait une médaille d'or représentant Louis XIV, au siège de Besançon (4).

Quand, dans le même moment, il y avait plusieurs empereurs, les priviléges étaient accordés au plus ancien, car les lettres patentes n'en reconnaissaient qu'un seul.

Le roi et l'empereur occupaient les places d'honneur dans les repas, les exercices, les professions. Dans beaucoup de villes, le premier dimanche de mai, les Arquebusiers plantaient un arbre orné de rubans devant la demeure du dernier roi. Cette coutume cessa à Troyes en 1716 (5).

<h2 style="text-align:center">IV</h2>

Le nombre des Arquebusiers de Bar-sur-Aube a beaucoup varié.

Aux premiers temps de leur institution, ils étaient une quarantaine. Un siècle après (1721), ils ne sont plus qu'une douzaine. En 1765, leur nombre s'élève cependant à 21, pour retomber à 10 en 1786, et le plus jeune, alors, à l'exception d'un, avait au moins 50 ans. « Aucuns autres sujets de cette ville ne paraissent disposés à « entrer dans cette compagnie qui n'a plus de règle et qui s'éteint « journellement » (6).

A quoi attribuer cette décadence ? Peut-être la faute en est-elle à la municipalité qui n'accorda pas de subventions à sa compagnie, et qui ne fit rien pour en arrêter le déclin.

A l'encontre de Bar-sur-Aube, beaucoup de villes accordaient des priviléges à leurs compagnies d'Arquebusiers. Ainsi, dès 1635, les chevaliers de Lagny-sur-Marne étaient dispensés du paiement des « aides, impositions, tailles, subsides et autres quelconques subven-

---

(1) Lechat, *Annnaire du département de l'Yonne*, 1840.
(2) A. Perrin. *La Bazoche, les Abbayes de la Jeunesse.*
(3) Finot, *ouvr. cité.*
(4) Delaunay, *Etude sur les anciennes compagnies d'Archers, d'Arbalétriers et d'Arquebusiers.*
(5) Bibliothèque de Troyes, *Mss. Sémillard, III.*
(6) Archives départ. de l'Aube, *C. 368.*

tions » (1). En certaines localités, en exemptait du guet les Archers, Arbalétriers et Arquebusiers (2).

Ceux de Gand jouissant d'une prérogative spéciale, qui leur avait été octroyée par Charles-Quint, en 1515 : la permission de chasser. L'empereur les autorisait à parcourir la campagne, aux environs de la ville, avec leur arquebuse ou quelque autre arme à feu et à tirer sur les oiseaux non privilégiés (3).

***

Nos chevaliers étaient sous les ordres d'un capitaine-commandant ; les autres dignitaires étaient : un lieutenant, un enseigne, un connétable, un trésorier, un sergent, des tambours et des fifres (4). Ces derniers étaient habillés aux frais de la Compagnie (5).

Il y avait aussi un aumônier : c'était un chanoine de Saint Maclou qui en portait le titre. En 1724, l'aumônier des Arquebusiers était Alexandre Maury, chanoine et sous-chantre (6). Il encourut les foudres des échevins pour avoir précédé les conseillers municipaux de l'époque, dans la marche à la Butte, le jour du tir de l'oiseau. Voici le procès-verbal qui relate ce fait.

« Et ledit jour 5 juin 1724, nous échevins et procureur du Roi soussignés, de retour du jeu d'Arquebuse, nous avons observé que le sieur Maury, chanoine et sous-chantre de Saint Maclou, se serait placé à côté de Messieurs Verpillat, lieutenant du Roi et Mailly, maire, lorsque la compagnie [le corps municipal] s'est transportée audit jeu d'Arquebuse. Nous n'avons pas cru devoir y faire attention parce que nous ne l'avons regardé que comme un particulier qui aurait quelque chose à dire à ces Messieurs. Mais étant parvenus au jeu d'Arquebuse et ayant reconnu qu'il assistait à la cérémonie en qualité d'aumônier, nous sommes bien

---

(1) Delaunay, ouv. cité.
(2) Delaunay, ouv. cité.
(3) Van der Haeghen, *Histoire de la Gilde souveraine.*
(4) Ces grades sont indiqués dans les *Délibérations* qui ont trait à notre sujet.
(5) Dans les *Pièces justificatives*, on trouvera, avec les noms des « Rois », les noms connus des officiers et des chevaliers.
(6) Alexandre Maury, du diocèse de Troyes, prêtre vers 1715, mourut en 1770 (Roussel, *Le Diocèse de Langres*, tome IV).

aises d'empêcher que cette démarche ne tire à conséquence pour l'avenir pourquoi nous protestons contre cette entreprise faite de sa part, attendu qu'il ne devait marcher qu'après tout le corps de ville »

[Signé: Sevestre, Baudot, échevins ; — Jacob, procureur du roi] (1).

***

Les officiers étaient nommés au scrutin par les chevaliers ; le choix du commandant devait être ratifié par le gouverneur de la province (2)

En 1778, l'Intendant ordonna qu'un des dix notables composant l'Assemblée municipale fût choisi parmi les chevaliers de l'Arquebuse (3).

A diverses reprises, comme en 1721 et en 1780, la compagnie resta quelque temps sans officiers. Le corps de ville demanda alors que les Arquebusiers procédassent à des élections, s'ils voulaient continuer à jouir des privilèges habituels.

Ainsi, le 2 juin 1721, l'oiseau fut présenté à l'assemblée municipale par Odelin, roi, à défaut d'officiers. Le procureur du roi, Jacob, alors « a dit et représenté que les privilèges accordés aux compagnies des jeux d'arquebuses dans toutes les villes de ce royaume sont si anciens que son intention n'est pas de les contester, que son devoir l'engage seulement de faire connaître que la compagnie de cette ville ce trouve depuis quelques années dépourvue d'aucuns officiers, n'ayant ni capitaine, ni lieutenant, ni enseigne, à leur tête, qu'ils n'ont fait même cette année aucuns exercices, n'ayant tiré aucun prix, que leur nombre est si petit qu'on ne peut pas les regarder comme composant une compagnie, et comme les privilèges à eux accordés par les rois n'ont été qu'en considération qu'ils s'exerceraient annuellement dans l'exercice des armes comme il se fait partout ailleurs, que l'agrément même qui leur a été accordé par les officiers de ville et habitants, n'ont pu avoir été que sous ces mêmes conditions, il requert, sans cependant s'opposer à ce qu'ils tirent l'oiseau ou papegaux, qu'ils présentent aujourd'hui après qu'il aura été examiné à la manière

---

(1) Arch. comm. *Délibérations*.
(2) Chevalier. Ouv. cité.
(3) Lettre du 30 juillet 1778.

accoutumée, que ladite compagnie dud. jeu d'Arquebuse ait à nommer des officiers à leur tête comme ils ont eu de tout temps et faire à l'avenir leurs fonctions et exercices dans leur jeu conformément à leurs statuts...»

Odelin et Thiellement, empereur, ont déclaré qu'ils avaient élu dernièrement, des officiers qui se trouvaient momentanément absents de la ville et que ces derniers représenteraient le plus tôt possible, l'acte de leur élection. Permission fut donc accordée de tirer l'oiseau (1).

Le 4 mai 1780, Lourdois, procureur, parla à peu près dans les mêmes termes que son prédécesseur. L'assemblée décida : « que les officiers de l'Arquebuse seront invités, lorsqu'ils présenteront l'oiseau le lendemain de la Pentecôte prochaine et avant la reconnaissance d'iceluy, de donner sur le champ une liste des officiers et chevaliers qui la composent actuellement et qui doivent concourir au tirage de l'oiseau, comme aussi de suivre, lors dudit tirage, leurs statuts et réglements, en tirant chacun à leur tour...» (2).

Nous avons vu que, parmi les officiers de l'Arquebuse, il y avait un « enseigne » ou porte-drapeau. Chaque compagnie avait, en effet son étendard. Celui de nos chevaliers n'a pas été conservé et cela est regrettable. La tradition veut qu'il ait été rouge avec une bordure noire (3). En 1792, il fut, dit Chevalier, appendu à la voûte de l'église Saint Maclou (4).

Un incident curieux se produisit le 11 mai 1761 à propos de la nomination d'un enseigne. Claude Vaillant, seigneur en partie de Balignicourt (5), demeurant à Bar, remit, aux officiers municipaux une ordonnance du comte de Clermont, gouverneur de Champagne et de Brie (en date du 4 mai) le nommant enseigne de l'Arquebuse. Il en avait déjà rempli les fonctions, mais les chevaliers l'avaient expulsé en juin 1760. Ils ne voulaient pas le reconnaître cette fois,

---

(1) Arch, comm. *Délibérations*.

(2) Arch. comm. *Délibérations*.

(3) Témoignage d'un vieillard, M. Morel, dont le grand père fut dans sa jeunesse, chevalier de l'Arquebuse.

(4) Chevalier, ouvr. cité.

(5) Balignicourt, canton de Chavanges (Aube).

exigeant qu'il se fasse « remettre chevalier ». Après les observations des officiers municipaux, nos Arquebusiers reconnurent M. Vaillant « par soumission et obéissance provisoire à lad. ordonnance » (1).

Voici quel était l'uniforme des chevaliers bar-sur-aubois : habit rouge galonné en argent, culotte pareille, jarretières d'argent, veste blanche galonnée de même, bas blancs, chapeau bordé d'argent (2). Avouons qu'ils devaient avoir grand air quand ils défilaient en cette tenue, dans les rues de notre paisible cité.

En l'honneur du concours de Meaux de 1778, un poète briard avait composé de nombreux couplets ; chacune des compagnies concurrentes, dit M. Bardet, avait le sien avec « comme texte, le dicton, proverbe, devise ou surnom que l'usage avait depuis longtemps attribué à chacune d'elles » (3).

Bar-sur-Aube.

Dicton : l'œil toujours ouvert (4).

Air : *Jupiter en fureur.*

Il faut être en tout surveillant :
On n'en est que mieux en ce monde ;
De tant d'aveugles il abonde
Qu'heureux y est le clairvoyant.
L'œil toujours ouvert sur la gloire
Que préparent Mars et l'Amour,
   C'est à lui que dans ce jour
   Nous devons la Victoire.

Eugène Maury.

---

(1) Arch. comm. *Délibérations.*
(2) Bardet, ouvr. cité.
(3) Bardet, ouvr. cité.
(4) Ce dicton était courant déjà au XIII⁰ siècle. (*Dit de l'Apostoile*). « Signifie que cette ville, alors frontière, était toujours sur ses gardes ». (L. Morin, *Proverbes et Dictons recueillis dans le département de l'Aube.*

V

La compagnie de l'Arquebuse prenait les armes lors des passages du roi, d'un prince, de l'intendant, du gouverneur, dans les processions, en un mot, dans les cérémonies que nous appellerions aujourd'hui « officielles ». Elle s'associait aux douleurs de la monarchie, comme à ses joies, faisant chanter une messe d'actions de grâces pour un événement heureux, un *Te Deum* pour la naissance d'un prince du sang, ou célébrer un service funèbre pour un souverain défunt. C'est ainsi que le 16 juin 1774, elle fit chanter, dans l'église des Cordeliers, un *Requiem* pour le repos de l'âme du roi Louis XV et le 26 suivant, une messe, en l'église Saint-Maclou, « pour la conservation de S. M. Louis XVI, de Mgr le Comte et Mme la Comtesse d'Artois, au sujet de leur inoculation contre la petite vérole » (1).

Nous trouvons, en outre, d'après les registres de *Délibérations* les chevaliers sous les armes dans les occasions suivantes :

9 Septembre 1706. — Une section de chevaliers garde 6 prisonniers venus de Haguenau. Un de ces prisonniers, le lieutenant Frelet, insulta ses gardiens, cassa les objets qui se trouvaient à sa portée et blasphéma. On dut l'enfermer seul dans un cachot.

25 Juin 1713. — *Te Deum* à l'occasion de la paix qui venait d'être signée à Utrecht.

13 Juillet 1719. — La compagnie, commandée par le « roi », assiste au *Te Deum* chanté à l'occasion de la prise de Fontarabie.

24 Août 1721. — *Te Deum* à l'église Saint-Maclou, pour la santé du roi. Le soir, feu d'artifice.

21 Septembre 1725. — Les arquebusiers sont commandés pour aller à la chasse sur les terres des seigneurs voisins : la Municipalité désirait avoir du gibier pour le repas qu'elle devait offrir au roi de Pologne et à sa fille. Stanislas Leczinski arriva à Bar le 6 octobre. Une garde de 100 hommes lui fut fournie par les compagnies de l'Ar-

---

(1) Arch. comm. *Délibérations*.

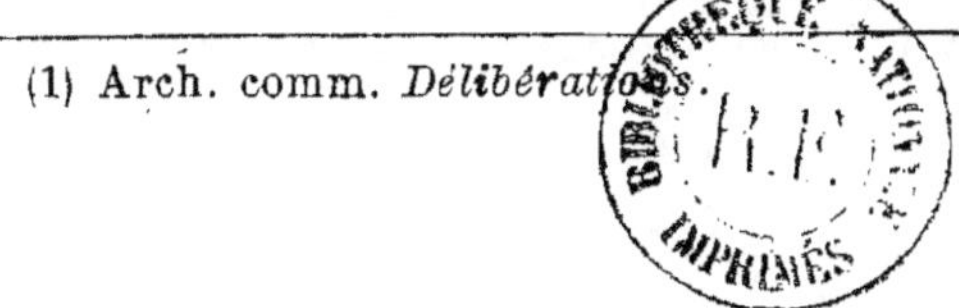

2

quebuse et de la Milice bourgeoise « à charge toutefois de laisser par la Bourgeoisie, le poste d'honneur aux chevaliers de l'Arquebuse ». Quand leurs Majestés firent leur entrée dans la ville, nos arquebusiers défilèrent sur deux lignes à leur suite « jusqu'au quartier du roi et après le même ordre, les chevaliers étant arrivés au quartier du roi, *franchirent* sur une seule ligne le chemin et *occupèrent* la droite comme le poste d'honneur ».

12 Novembre 1744. — Passage du roi Louis XV (1). La compagnie se porte à sa rencontre dans le faubourg Saint-Nicolas (2) et accompagne le cortège. Mais, le soir, elle a un dissentiment avec la Municipalité. Cette dernière lui fait demander ses « boîtes » de feu d'artifice ; elle les lui refuse, sous prétexte qu'elle s'en servirait, mais elle ne l'a pas fait (3).

3 Février 1747. — Arrivée de la future Dauphine, Marie-Joseph de Saxe (4). La garde de ses appartements (5) est confiée aux arquebusiers, qui font, le soir, tirer un feu d'artifice dans leur jardin, sur la Butte (6).

11 Octobre 1749. — Réception de l'Intendant. L'Arquebuse et la Milice bourgeoise font la haie de chaque côté de la porte d'Aube.

21 Juillet 1750. — Les chevaliers rendent les honneurs au gouverneur de la ville, Joseph du Pont de Compiègne de Louvière (7) qui fait son entrée à Bar-sur-Aube.

9 Novembre 1768. — Passage du duc de Penthièvre (8), auquel

---

(1) Il revenait du siège de Fribourg.

(2) Aujourd'hui faubourg de Belfort.

(3) On avait bien préparé un feu d'artifice ; mais il fut tiré la veille, parce que Louis XV qu'on attendait le 11 au soir n'arriva que le lendemain « environ neuf heures du matin ».

(4) Marie-Joseph de Saxe épousa le dauphin Louis, fils de Louis XV ; elle fut la mère de Louis XVI, de Louis XVIII, de Charles X.

(5) Dans la maison de M. Masson, subdélégué, rue d'Aube.

(6) Un petit mur leur appartenant fut détruit par le feu d'artifice. La ville le fit reconstruire à ses frais.

(7) Joseph du Pont de Compiègne, seigneur de Fontaine, colonel d'infanterie, gouverneur de Bar-sur-Aube, mourut le 28 juin 1776, à l'âge de 73 ans et fut inhumé le lendemain. (*Reg. paroissiaux* de Fontaine).

(8) Louis de Bourbon, fils du comte de Toulouse et petit-fils de Louis XIV et de Mme de Montespan. Il se distingua à Fontenoy et à Raucoux. Il fut le père de la princesse Louise-Marie-Adélaïde, qui épousa Philippe-Égalité et devint la mère de Louis-Philippe.

l'Assemblée municipale, l'Arquebuse et la Milice bourgeoise offrent leurs « hommages et respects ».

20 Mai 1775. — Honneurs rendus au duc de Bourbon, gouverneur de Champagne, qui va de Paris à Gray.

6 Août 1781. — Passage de l'empereur d'Autriche, Joseph II, frère de Marie-Antoinette. Il ne veut pas d'honneurs, mais le Corps municipal, l'Arquebuse et la Milice bourgeoise escortent son carrosse (1).

D'après Alcibiade Cousin (les *Chevaliers de l'Arquebuse* de Chaumont, p. 17 et suiv.), nos chevaliers ont eu, une fois, un rôle plus sérieux. Ils contribuèrent, avec ceux de Chaumont et de Langres, à la destruction de la forteresse de la Mothe (2).

VI

A toutes les cérémonies auxquelles assistaient l'Arquebuse et la Milice bourgeoise, celle-là avait le droit de « préséance » sur celle-ci, étant considérée comme « première compagnie de bourgeoisie ». C'est ce qui rendait les miliciens jaloux de leurs frères d'armes, et cette jalousie causait des discussions fréquentes. Aussi, à plusieurs reprises, les autorités durent intervenir pour régler les différends.

Nos registres de *Délibérations* ont conservé le souvenir de ces disputes et de ces interventions. Notons quelques faits, entre autres.

Le 4 juin 1711, Bonaventure Girardon capitaine, Claude Mussey et Claude Boudard le jeune, lieutenants, Pierre Junet et Pierre Baudot enseignes de la Milice se plaignent à la Municipalité de ce que l'Arquebuse, bannières déployées, sous les armes et tambours battants, ait assisté à la procession (3), sans ordre donné.

Le 23 mai 1712, à la suite d'une querelle entre arquebusiers et miliciens, l'Intendant défend à ces derniers de se mettre sous les

---

(1) Joseph II voyageait sous le nom de comte de Falkenstein.

(2) En 1645, La Mothe était située entre Bourmont et Neufchâteau, à 10 lieues environ de Chaumont, à l'extrême frontière de Lorraine. Cette place avait une garnison lorraine, qui venait exercer ses ravages jusqu'à Chaumont, Langres et Bar-sur-Aube.

(3) Procession de Sainte-Germaine.

armes à la procession du S. Sacrement qui devait avoir lieu le jeudi 26 (1).

15 Août 1712. — Procès-verbal de la Municipalité contre nos chevaliers avec qui elle ne faisait pas toujours bon ménage :

« Nous, Maire et échevins de la ville de Bar-sur-Aube étant assemblés en l'hôtel de ville à l'heure de trois après-midi, pour assister en corps comme il est accoutumé à la procession générale ordonnée par le roi, ayant eu avis que les tambours du jeu d'arquebuse auraient battu par la ville à deux différentes fois et que la compagnie dud. jeu s'assemblait pour se trouver à la cérémonie, ce que ne devait faire sans avoir pris pour cela nos ordres, pour l'absence du sr Verpillat, lieut' du roi, nous aurions mandé par les valets de ville les officiers dud. jeu d'arquebuse, lesquels étant comparus en la chambre de ville avec le roi dud. jeu, nous, Maire, leur ayant demandé pourquoi ils faisaient battre le tambour et duquel ordre ils s'assemblaient...., nous leur ordonnons de s'abstenir des marches, n'étant d'ailleurs point d'usage de mettre personne sous les armes pour cette cérémonie; à quoi lesd. officiers du jeu, le sr Collignon capitaine portant la parole, auraient répondu d'un air de hauteur qu'ils prétendaient marcher et qu'ils n'avait point de compte à nous rendre duquel ordre ils marchaient, que s'ils avaient su qu'on les eût mandés pour ce sujet, ils ne seraient pas venus; sur quoi, nous ledit Maire leur ayant dit qu'ils manquaient de respect qu'ils devaient aux officiers de ville et réitéré l'avertissement qui leur venait d'être fait de ne pas marcher sinon, et en cas de désobéissance, que nous en porterions nos plaintes à Monseigneur le Prince de Soubise; à quoi led. sr Collignon et autres officiers dud. jeu n'auraient daigné répondre par manière de mépris et se seraient retirés ; après quoi nous nous serions mis en marche avec les officiers de Bourgeoisie qui se sont présentés comme membres du corps de ville, précédés des valets de ville et de cinq ou six hallebardiers suivant qu'il est accoutumé pour nous rendre en l'église collégiale de St Maclou où la procession se fait, et. étant arrivés, nous y aurions vu lad. compagnie du jeu d'arquebuse qui y était déjà aussi arrivée en armes et pris place, et qui ensuite elle aurait accompagné la procession... Pour raison de quoi à notre retour en l'hôtede ville nous avons dressé et fait rédiger le présent acte en forme de procès-verbal... pour être envoyé à Monseigneur le Prince de Soubise et être, par son Altesse, statué sur l'entreprise desd. arquebusiers et le

---

(1) L'Intendant ajoutait : que les parties eussent à se pourvoir devant le Prince de Soubise, gouverneur de la province. Le 28 mai, ce dernier rendait une ordonnance portant que les arquebusiers devaient prendre leurs ordres du lieutenant du roi, ou, en son absence, des maires et échevins de la ville.

Voir également : Bibliothèque nationale, *Collection de Champagne*, tome II, l'ordonnance du prince de Soubise (28 mai 1712).

mépris par eux fait du corps de ville et la contravention et désobéissance
à son ordonnance » (1).

Le prince de Soubise rendit le 4 novembre 1714 l'ordonnance sui-
vante :

« Nous défendons expressément, et à peine de désobéissance et de
punition, tant à la compagnie des Arquebusiers qu'à celle de la Milice
bourgeoise de la ville de Bar sur Aube, de paraître sous les armes en
aucunes cérémonies publiques, à moins qu'elles y soient invitées par
nos ordres ou par les srs gouverneur, lieutenant du roi, maire et échevins de ladite ville... Nous ordonnons que celle des arquebusiers en
prenant son poste autour du feu de joie fera toujours face à l'hôtel de
et laissera le poste un à un de l'autre côté pour celle de la Bourgeoisie
et entre elle tout l'espace qui sera nécessaire aux officiers qui doivent
allumer le feu, avec défense expresse à l'une et à l'autre de ces compagnies d'exciter ni causer le moindre trouble à la réjouissance publique à
peine de punition exemplaire...»

Le 25 juin 1713, « l'affaire » est grave. Une cérémonie a lieu à
Saint Maclou, en l'honneur de la paix signée entre la France, la Prusse,
l'Angleterre et le Portugal. Des ordres avaient été donnés aux arquebusiers et aux miliciens pour accompagner les officiers de ville à
l'église. Au retour, les deux compagnies devaient « allumer le feu d'artifice à la manière accoutumée ». Mais au mépris des ordres donnés,
la compagnie d'arquebuse est tellement serrée qu'elle occupe entièrement le passage. Le maire avertit le capitaine, Collignon, d'avoir à
quitter son poste pour laisser placer la Bourgeoisie, Collignon refuse
malgré les remontrances du lieutenant du roi, Verpillat, et des officiers municipaux. A chacun, il répond qu'il n'a point d'ordre à recevoir. La Municipalité se retire pour délibérer à ce sujet. Collignon
s'écrie alors : « Eh bien ! s'ils ne veulent pas allumer le feu, nous le
faut allumer nous-mêmes », ajoutant peu après : « Nous faisons trop
d'honneur à tous ces bougres-là ». On se bouscule, on échange des
coups. Un arquebusier, Claude Boudard, frappe ses adversaires, avec
le bout de son arme. Finalement, il se retire, avec ses compagnons,
« à la clameur publique ».

Le lendemain 26, une assemblée générale est convoquée, afin que
les habitants donnent leur avis sur ces faits. Ils estiment que « les
désobéissances sont trop communes et aggravantes pour être plus
longtemps souffertes ».

---

(1) Signé : Chifflet de Neuville, maire ; Dumesgnil, échevin ; Pilleux, greffier.

Et comme la compagnie a reçu l'approbation du roi Henri IV « sur l'instante supplication desdits habitants qui y ont donné consentement et accordé une place pour l'endroit dudit jeu », ils demandent la révocation des officiers et la suspension, pendant 6 ans, de l'Arquebuse et de ses privilèges. De plus, les chevaliers devront faire des excuses au lieutenant du roi, au maire, aux échevins et aux officiers de ville.

Les excuses furent peut-être présentées, mais il n'y eut pas d'autre punition.

17 Juillet 1719. — Nouvelle plainte des officiers de la Milice. Ils accusent ceux de l'Arquebuse de les avoir bousculés le 13 du présent mois, lors du *Te Deum* chanté à l'occasion de la prise de Fontarabie.

Le 17 septembre 1765, les chevaliers font, à leur tour, une plainte contre les officiers de la Milice bourgeoise, à propos de la procession de l'Assomption. Parmi les notables, les uns prennent parti pour les premiers, les autres pour les seconds (1).

Un mois après (18 octobre), les deux compagnies rendent conjointement les honneurs à l'Intendant (2), de passage à Bar-sur-Aube, et paraissent réconciliées. Mais l'accord ne dure pas, et de nouvelles disputes éclatent encore, à chaque instant, pour de futiles questions de préséance.

Nos arquebusiers étaient souvent turbulents ; ils voulaient imiter le sans-gêne des soldats du temps.

Ainsi, le 20 mai 1765, douze ouvriers travaillaient, sous les ordres de deux échevins, Ruotte et Girardon, au ruisseau du tour de ville, non loin de la Butte. A 3 heures de l'après-midi, quelques chevaliers survinrent dans leur propriété ; l'un d'eux, Claude Vaillant, enseigne, défendit aux ouvriers de continuer leur travail. Après son départ, deux des chevaliers, Parisot et Bergerat, pâtissier, réitérèrent la défense : la compagnie, disaient-ils, allait tirer. Les échevins crurent que c'était un « expédient » pour les faire cesser, et restèrent. Peu après, la cloche « annonça la résolution de tirer » et aussitôt, on entendit un coup de feu. Les ouvriers, craignant pour leur vie, se retirèrent. Les échevins se rendirent alors à l'hôtel de

---

(1) La requête des chevaliers est adressée au comte de Clermont, gouverneur de la province.

(2) Gaspard Rouillé, comte d'Orfeuil.

ville pour faire rédiger un procès-verbal, observant « que l'intention des chevaliers était si peu celle d'un exercice qu'il n'y avait point de carton ou cible, mais un simple morceau de papier barbouillé d'un peu de noir ». Le Corps de ville se solidarisa avec les deux échevins, et, le 26 mai (jour de Pentecôte), « refusa » l'oiseau. Le lendemain, les chevaliers (1) se présentèrent devant l'Assemblée municipale, déclarant n'avoir « aucune part aux insultes, qu'ils désapprouvent au contraire la conduite des sieurs Vaillant, Parisot et Bergerat, n'entendant aucunement les approuver à cet égard ». Ces trois personnes vinrent à leur tour et adressèrent des excuses aux notables : ils n'avaient pas voulu, disaient-ils, insulter le Corps de ville, car ils pensaient que le terrain sur lequel on travaillait appartenait à l'Arquebuse. Vaillant, tout particulièrement, « est fâché des vivacités qui lui sont échappées, et il promet d'être plus circonspect à l'avenir ». L'Assemblée accepta les excuses et consentit à « recevoir l'acte ».

Il semble, d'ailleurs, que la Municipalité ait été jalouse des privilèges de l'Arquebuse. A plusieurs reprises, elle demande la suppression de la compagnie du « noble jeu ».

En 1721, de nouveaux incidents éclatent entre les arquebusiers et les miliciens, à la procession du 15 août. Il est difficile de dire lesquels ont raison : les premiers se plaignent que les autres les ont traités de « bougres de gueux » et les ont frappés à coups de hallebarde. Les seconds nient, bien entendu, et prétendent avoir été repoussés par leurs rivaux.

Ils les accusent « d'entreprendre » sur les droits de la Milice et d'avoir toujours « apporté du désordre et causé du trouble et du tumulte, tant par leurs entreprises que par leur désobéissance ». Le corps de ville rappelle d'abord aux chevaliers les règlements sur l'ordre de la marche des deux compagnies (27 août). Puis le lendemain, il décide, à la demande de quelques-uns de la Milice, de convoquer, pour le 31 août, une assemblée extraordinaire des habitants, pour délibérer sur ces incidents.

A cette réunion on cause longtemps, on attaque l'Arquebuse presque exclusivement dans ses privilèges; on parle à peine de sa

---

(1) Sous le commandement de Clausse de Surmont, capitaine.

turbulence, et, finalement, un vote se prononce « pour faire cesser l'établissement du jeu d'Arquebuse ».

Vote inutile ! Le pouvoir royal ne supprima point l'Arquebuse, qui continua à jouir de ses privilèges.

Mais quelques jours après, nos chevaliers durent avoir une douce satisfaction. Par ordre du prince de Rohan, duc et pair de France, gouverneur de Champagne, le prévôt de la maréchaussée arrêta « quatre soldats » de la Milice bourgeoise, dont les noms furent tirés au sort. C'était en punition de ce qui s'était passé à la procession du 15 août (1).

La jalousie des échevins se manifesta ouvertement encore une fois.

Plus d'un demi-siècle après, en 1780, l'Assemblée municipale refusa à Edme Torcy, « empereur du jeu royal de l'Arquebuse », l'exemption « des tailles, corvées et autres charges de ville ». Torcy adressa une réclamation à l'Intendant, qui demanda au maire une délibération de l'Assemblée (19 octobre). Le 26 novembre, le corps de ville représenta « que le vœu général des habitants est l'anéantissement total de cette compagnie qui est tout à la fois inutile et onéreuse aux habitants, qu'au surplus, l'exemption du logement de gens de guerre prétendu par led. sr Torcy n'est point attribué aux rois et empereurs de lad. compagnie par les lettres-patentes de son établissement, que ce privilège ne leur est point non plus accordé par l'article 57 du titre 5 de l'ordonnance du roi du 1er mars 1768 concernant le logement des gens de guerre, qu'à ce sujet l'Assemblée s'en rapporte à Monsieur l'Intendant ». Et il ajoutait perfidement que la compagnie n'avait point reçu confirmation de ses privilèges par l'édit de 1774, pour « le joyeux avènement » de Louis XVI. Torcy répondit par une deuxième requête qu'il adressa et à la Municipalité et à l'Intendant (20 décembre). Le 27 décembre 1780, ce dernier donna tort aux officiers municipaux :

« Les privilèges ne sont points sujets à confirmation... Avez-vous pu penser, Messieurs, que vous aviez le droit d'anéantir un établissement et des privilèges institués par des lettres-patentes registrées dans les cours... Vous n'avez d'ailleurs pas fait attention que toutes les compagnies d'Arquebuse du royaume sont sous la protection de S. A. R. Mgr. le duc de Bourbon, qui en prend le titre de grand-maître, et que ce prince est gouverneur général de cette province. Si vous croyez cette

---

(1) Arch. comm. *Délibérations*, 24 septembre 1721.

compagnie inutile dans votre ville, c'est à S. A. que vous devez adresser vos remontrances, parce qu'elle seule peut supprimer ou dissoudre ces sortes de compagnies qui, cependant, dans certaines villes, peuvent être encore utiles. » (1)

La Révolution allait bientôt arriver et mettre d'accord les deux compagnies privilégiées, en les englobant dans les mêmes ordres de suppression.

VII.

Le terrain des arquebusiers était situé le long des anciens fossés de la ville. Il leur avait été donné par la ville en 1610, lors de l'établissement de la Compagnie. Il était « pris sur un ancien cavalier qui faisait partie des fortifications dud. Bar » (2). Un ruisseau, ou plutôt une dérivation de la Dhuys, le séparait des jardins voisins.

Par la suite, en 1720, les chevaliers firent construire un bâtiment sur leur terrain. Ce bâtiment, désigné par eux sous le nom pompeux d'« hôtel » de l'Arquebuse n'était, si nous en croyons un mémoire de l'an V, « qu'une sorte de remise où les joueurs de boules s'abritaient pendant l'orage » (3).

Cet « hôtel » a eu un concierge. En 1772, Jean Aubert, « concierge » de l'Arquebuse, voiturier, âgé de 38 ans, logé gratis, est coté, au rôle d'imposition, à 11 livres 8 sous 9 deniers, « profit de son commerce » (4).

Des arbres s'élevaient en cet endroit ; les chevaliers venaient sans doute se reposer sous leur ombrage, entre deux exercices.

Le long du ruisseau, une haie avait été plantée ; elle aboutissait à des charmilles. La Compagnie fit abattre les arbres en 1784 et les vendit à son profit (5). Plus heureuses, les charmilles leur survécurent.

---

(1) Arch. comm. *Délibérations* et *Arch. départementales de l'Aube*, C, 368.
(2) Archives communales, *E. E. 1*.
(3) Archives communales.
(4) Archives communales, *C. C. 1*.
(5) Archives communales, *E. E. 1*.

En 1782, plusieurs particuliers s'étaient plaint de ce que ces arbres faisaient trop d'ombrage aux propriétés voisines. Torcy, lieutenant de l'Arquebuse, à qui ces doléances furent transmises, répondit que la plantation d'arbres était séparée des jardins des plaignants par la rue des Fagettes (1) devant avoir 15 ou 16 pieds de largeur Or, si les branchages causaient de l'ombrage aux jardins, c'est que les plaignants avaient fait des anticipations (2).

En 1791, la société des *Amis de la Constitution* loua *l'hôtel* de l'Arquebuse pour y tenir ses séances :

« L'an mil sept cent quatre-vingt-onze, le cinq juin avant midi, nous Edme Torcy, Bernard Lécuyer, Nicolas Dutailly, François Aubert, Claude Michel, Pierre-Jean-Baptiste Petit et Jacques Pacquetet, ci-devant chevaliers de l'arquebuse de Bar-sur-Aube,... sur l'avis qui nous a été donné que plusieurs citoyens de Bar-sur-Aube désiraient former une Société des Amis de la Constitution, qu'ils désiraient s'assembler pour tenir leurs séances en notre hôtel de l'Arquebuse et désirant donner des preuves à nos compatriotes du zèle que nous avons de leur être utile, la Compagnie a arrêté qu'elle consentait très volontiers que les Amis de la Constitution tiennent leurs séances dans la salle du haut seulement et cabinet attenant, mais que, comme ladite compagnie est chargée de l'entretien de l'hôtel, de ses dépendances et d'acquitter les rentes dont elle est grevée ainsi que les impositions, elle a arrêté que les Amis de la Constitution leur paieraient annuellement une somme de cent livres de rente à compter de ce jour et qu'il sera donné communication de la présente délibération à Monsieur le Président de l'Assemblée des Amis de la Constitution par le sieur Bernard Lécuyer qu'elle a député à cet effet. Délibéré en notre hôtel à Bar-sur-Aube... (3) ».

Deux ans après, le terrain de l'Arquebuse fut mis en vente comme propriété nationale (4). Un expert en fixa la valeur à 1269 livres. Le 2 fructidor an 4, Pierre Machon, menuisier à Troyes, demanda à acheter la propriété (5).

La municipalité de Bar-sur-Aube en revendiqua alors la propriété, comme bien communal, puisqu'une charte de Charles V abandonnait aux habitants « les murs, fossés et remparts de la ville et forteresse dudit Bar ».

---

(1) Aujourd'hui rue du Château-Gaillard.

(2) Archives comm., *Délibérations*, 19 juillet 1782.

(3) Archives comm., *Société populaire*.

(4) En exécution de la loi du 24 avril 1793.

(5) Machon, avant d'aller à Troyes, habitait Bar-sur-Aube, dont il fut maire en 1793-1794.

Et la municipalité ajoutait : Ces murs, fossés et remparts sont tellement un bien patrimonial de la commune « qu'elle les a compris avec les autres biens communaux dans la déclaration qu'elle en a fourni au terrier général des domaines de Champagne le 5 juillet 1678 et qu'elle en a payé les droits d'amortissement » (1).

Un arrêté des administrateurs du département de l'Aube, rendu le 1er jour complémentaire de l'an IV maintint provisoirement la commune de Bar dans la possession du terrain (2). Quelque temps après, les administrateurs écrivirent à la municipalité pour l'inviter à leur envoyer « les titres confirmant la propriété de l'Arquebuse comme bien communal ». De plus, ils firent dresser par Benoist, ingénieur du département le plan « de l'alentour de Bar-sur-Aube, et notamment des objets pour lesquels il y a contestation » (3). Les fonds que Pierre Machon avait consignés pour son acquisition devaient lui être rendus au bureau des domaines, à Troyes (17 ventôse an 5) (4).

Voyant cela, Machon eut alors l'idée de s'adresser directement au Ministre des Finances. Le 17 messidor, ce dernier rendit l'arrêté suivant :

« ... Considérant que le décret du 24 avril 1793 a déclaré nationaux les biens meubles et immeubles possédés par les ci-devant compagnies d'arquebusiers, archers, etc., et déclaré que les dettes desd. corporations seront acquittées en la manière décrétée relativement aux autres biens nationaux ;

Considérant que rien ne justifie que le terrain qu'occupait l'Arquebuse à Bar-sur-A. fit partie des fossés concédés à la commune en 1360 ; que même par la première pétition au département de l'Aube, la commune a avancé que ce terrain était pris sur un ancien cavalier et sur la communication de cet ouvrage à une tour, ce qui exclue toute idée de la position dans un fossé ;

« Considérant que la commune ne justifie point de l'acte qui a dû être dressé en 1610. Si réellement la commune eût alors prêté ce terrain à l'Arquebuse, acte qu'il lui serait plus facile de rapporter que celui de 1360 qu'elle produit et qui est antérieur de 250 ans ;

« Considérant que si la commune eût été réellement propriétaire, elle n'eût pas souffert paisiblement que la Compagnie de l'Arquebuse exploite à son profit en 1784 et 1785 des arbres qui existaient sur ce terrain ;

« Considérant que ce n'est qu'en 1785 pour la première fois que la

(1) Arch. comm., *E. E. 1.*

(2) Arch. comm., *E. E. 1.*

(3) Arch. comm., *E. E. 1.*

(4) Arch. comm., *E. E. 1.*

commune a imaginé de comprendre ce terrain dans le nombre de ses propriétés, qu'il est vraisemblable que la commune a été indüe à ce faire que pour empêcher le fisc de mettre la main sur ce terrain et vu le discrédit où étaient tombées les compagnies d'arquebusiers, dont les privilèges n'avaient point été confirmés et renouvelés ;

« Considérant que, d'un autre côté, la Compagnie de l'Arquebuse a pu ignorer cette déclaration ; que d'ailleurs elle n'avait point d'intérêt de s'y opposer, vu qu'elle était bien sûre de conserver la jouissance de ce terrain quel qu'en fût le propriétaire foncier ;

« Considérant que depuis 1610 jusqu'à la suppression des compagnies d'arquebusiers, la commune de Bar n'a point eu la jouissance du terrain en question, que depuis cette suppression le terrain a été employé à un atelier de salpêtre, ce qui n'opère point encore une jouissance au profit de la commune qui se trouve ainsi n'avoir ni titre ni possession ;

« Considérant qu'au contraire, la ci-devant Compagnie de l'Arquebuse a joui paisiblement de ce terrain depuis 1610, date de son établissement jusqu'à sa suppression ; que, dans cet intervalle elle a fait acte de propriétaire en 'aisant construire en 1720 une maison sur ce terrain, construction pour raison de laquelle elle a payé jusqu'à sa suppression une rente de 120 fr., qu'elle a encore fait acte de propriétaire en faisant exploiter à son profit en 1784, des arbres existant sur ce terrain ;

« Arrête :

« Art. 1. — Les arrêtés du département de l'Aube des 5e jours complémentaires de l'an IV, 4 et 9 germinal de l'an V sont annulés.

« Art. 2. — La soumission faite par le citoyen Machon le 2 fructidor an IV sur le terrain de la ci-devant Arquebuse sortira effet.

« Art. 3. — Le présent arrêté sera exécuté conformément à celui du directoire exécutif du 17 messidor an V. »

Signé : Ramel » (1).

Le terrain de l'Arquebuse devint donc la propriété de Machon. Il passa ensuite dans les mains de la famille Maupas. C'est là que de 1848 à 1851, se réunissaient les Francs-Maçons : M. Maupas était alors vénérable de la Loge (2). Quelque temps après, M. Vinchon-Joffroy acquit la maison et ses dépendances, qu'il transmit à son fils ; ce dernier en est encore propriétaire aujourd'hui.

VIII.

Moins malheureuse que beaucoup d'autres, la compagnie des arquebusiers bar-sur-aubois n'a pas sombré entièrement à la Révolution ; le temps, ce grand destructeur, l'a un peu épargnée.

---

(1) Arch. comm., *Arquebuse*.

(2) La Loge maçonnique fut transférée, par la suite, au second étage de l'Hôtel de Ville.

L' « hôtel » est encore là, avec ses charmilles. Promenez-vous un instant sous leurs ombrages ; votre esprit se reporte à un siècle et demi en arrière et vous croirez voir bientôt apparaître un robuste gaillard, en habit rouge, l'arquebuse sur l'épaule, comme ceux que vous avez remarqués peints sur les vitraux ou dans quelque musée.

Une rue porte le nom de l'*Arquebuse ;* mais ce n'est point la rue qui longe l'ancien terrain des chevaliers ; c'est celle qui aboutit à la *Motte* (1). On a confondu la *Motte* et la *Butte* : ce n'est pas précisément la même chose.

Un souvenir vivant nous reste des arquebusiers. Des *Sociétés de Saint-Sébastien* existent dans les villages voisins : à Arrentières, Engente, Colombé-la-Fosse, Colombé-le-Sec, Lignol, Rouvres, Voigny. Leurs membres s'appellent *chevaliers* comme les arquebusiers de 1610 ; ils se rassemblent pour tirer de l'arc. Chaque année, ils se réunissent successivement dans chacune de ces localités, pour tirer le *bouquet.* Le plus heureux, des tireurs est proclamé *roi,* et celui qui vient après, *dauphin.* Des prix en nature sont décernés.

J'ai sous les yeux un règlement rédigé en 1827, « d'après les anciens statuts généraux » pour la « Société de l'Arc de la commune d'Arrentières ». Ce règlement comprend 37 articles.

On est reçu chevalier après avoir subi un interrogatoire... inconnu des profanes.

Si une de ces sociétés étant « sous les armes », vient à passer devant la maison qui fait le coin de la rue Nationale et de la rue Saint-Maclou, à l'est, les chevaliers fléchissent le genou : une statue de leur patron saint Sébastien est nichée dans la muraille. La tradition raconte que cette statue ornait autrefois l' « hôtel » de l'Arquebuse. Ce n'est pas, paraît-il, le seul vestige qui en provienne. Un tapis, mesurant 4 mètres carrés de surface, servait, il y a une cinquantaine d'années, à un *brandevinier* pour s'abriter en cas de mauvais temps. M. le docteur Mougeot, qui vit ce tapis, l'acheta 30 francs : c'était, d'après lui. un travail des Gobelins, qui avait été donné par Louis XIV aux chevaliers. Une autre statue de saint Sébastien, en bois, qui appartient actuellement à M. Château, employé à la Sous-Préfecture, vient de nos arquebusiers : c'est à ce titre qu'elle est conservée, car elle n'a aucun caractère artistique.

---

(1) *La Motte,* éminence de terre qu'on remarque dans un jardin, en face de la promenade des Chevillottes. Cette hauteur artificielle faisait partie autrefois d'un ouvrage de fortification qui fut établi au xe siècle par l'un des comtes de Bar.

PIÈCES JUSTIFICATIVES

1.

Mémoire comme l'on est gouverné au prix de Bar-sur-Aube. (1646). [Imprimé]

Premièrement, pour ôter les six villes qui ont été mandées de difficultés pour la préséance, l'on a jeté au sort pour tirer par brigades, sinon pour les premières loges que l'on a référé à Messieurs de Châtillon et Bar-sur-Seine, pour ne pas être de la Champagne, l'on les a jeté au sort, les brigades sont tiré selon qui s'ensuit et la première, ce fut l'une des brigades de Vitry. 1. Vitry. — 2. Bar-sur-Aube : M. Perret, roi ; M. Prieur l'aîné, Junet l'aîné, Prieur le jeune, Perrotte, Boitotte, Harson. — 3. Bar-sur-Seine. — 4. Vitry. — 5 Châlons. — 6. Troyes. — 7. Troyes. — 8. Joinville. — 9. Chaumont. — 10. Joinville. — 11. Chaumont. — Bar-sur-Seine. — Châtillon. — Bar-sur-Aube. : M. Junet, capitaine enseigne ; M. Mutinot ; M. Deloy ; Paris le jeune, Mouchotte, Odelin, Bourelier.

(Arch. comm. de Chaumont, *8ᵉ série, D, 6ᵉ dossier.*)

2.

Concours de Bar-sur-Aube.

Evaluation du prix ou bouquet seulement qui se présentera et distribuera par les officiers et chevaliers du noble jeu d'arquebuse de la ville de Bar-sur-Aube, la présente année mil six cent quarante six (1646). — [Imprimé.]

Le prix total d'iceluy sera de huit cent livres, peu, plus ou moins qui se commencera à tirer le dimanche deuxième septembre prochain et à continuer ; lequel prix sera composé de six plateaux. Iceux seront d'un pied de roi en carré et le noir de quatre pouces de hauteur et qui se tireront en six volées, chacun plateau garni comme il sera dit ci après d'un principal prix, deux levées et trois voguilles dont sera fait distribution à mesure de la levée des plateaux, fors pour la distribution des six principaux prix, qui ne se fera que toutes les volées tirées ; pour être lesdits principaux prix délivrés à ceux qui auront fait les meilleurs coups consécutivement. Se tirera iceluy Prix du lieu accoutumé à en faire l'exercice audit Bar-sur-Aube, ne distance de la Carrière à la Butte, de trois cent cinq pieds de roi, à l'effet de quoi toutes sortes d'arquebuse à rouet seront admises, autres toutefois que les canons rayés, virolés, arquebuses à mèche.

PREMIER PLATEAU

Premier Prix : Deux Flambeaux d'argent de cent dix livres. — Une Salière de trente-cinq livres. — Un Vinaigrier de trente livres. — Un Gobelet de huit livres. — Deux Cueillers de sept livres. — Deux Fourchettes de cent sols.

Second Plateau

Premier Prix : Une Aiguière couverte, quatre-vingt-dix livres. — Une Aiguière de trente livres. — Une Gondole de vingt-cinq livres. — Un Tâte-vin de sept livres. — Deux Fourchettes de six livres. — Une Cueiller de cent sols.

Troisième Plateau

Premier Prix : Deux Salières à piliers de quatre-vingt-dix livres. — Une Ecuelle de vingt-cinq livres. — Un Sucrier de vingt livres. — Une Porcelaine de six livres. — Deux Fourchettes de cent dix sols. — Une cueiller de quatre livres dix sols.

Quatrième Plateau

Premier Prix : Une Aiguière de soixante-dix livres. — Une demi-douzaine de Cueillers de vingt-quatre livres. — Une Ecuelle à bouche de quinze livres. — Un Gobelet de cent dix sols. — Deux Fourchettes de cent sols. — Une Cueiller de trois livres dix sols.

Cinquième Plateau

Premier Prix : Une Aiguière de soixante livres. — Une Ecuelle de vingt livres. — Une Gondole de quinze livres. — Un petit Tâte-vin de cent sols. — Une Cueiller de quatre livres. — Une Fourchette de trois livres.

Sixième Plateau

Premier Prix : Une Ecuelle couverte de cinquante livres. — Une Tasse de quinze livres. — Un Gobelet de dix livres. — Un Tâte-vin de sept livres. — Une Cueiller de cent sols. — Une Fourchette de trois livres.

(Arch. comm. de Chaumont, *8e série, D, 6e dossier.*)

3.

Rôle et ordre des chevaliers qui tireront au Prix Général de Châlons de 1662, ouvert le 29 mai.

III. Bar-sur-Aube

Vinot, capitaine ; Deloix, lieutenant ; Arson, enseigne ; Arson ; Perrel ; Roger ; Richard ; Puissant, procureur ; Bérauld ; Sauvageot ; Daniel ; Charmois ; Bernard ; Godefrin ; Roger le jeune.

(Arch. comm. de Chaumont, *8e série, D, 6e dossier.*)

4.

Rois et Empereurs de l'Arquebuse dont les noms sont connus (1).

1646. Perret.
1656. Antoine Puissant.
1708. Edme Millière.
1709. François Thiellement.
1710. Pas de tir.
1711. Jean Brouel.
1712. Jean Gautier.
1713. François Thiellement.
1714. Sébastien Robert.
1715.   Id.
1716. Claude Boudard.
1717. François Thiellement.
1718.   Id.
1719.   Id. — Empereur.
1720. François Odelin.
1721. Jean Odelin.
1722. Claude Boudard.
1723. Tripier.
1724. Nicolas Clausse.
1725. Nicolas Hardy.
1726. Edme Merger.
1727. Jean Poulot.
1728. Antoine Tripier.
1729. Joachim Tripier.
1730. François Guillemin.
1731. Pas de tir.
1732. Nicolas Hardy.
1733. François Guillemin.
1734. Nicolas Hardy.
1735. François Guillemin.
1736. . . . .
1737. François Guillemin.
1738.   Id.
1739.   Id. — Empereur.
1740. Joachim Tripier.
1741.   Id.
1742.   Id. — Empereur.
1743. Nicolas Boudard.
1744.   Id.
1745. Pierre Debrienne.
1746. Bonaventure Girardon.

1747. Clausse de Surmont.
1748. Jean Abel.
1749. Nicolas Parisot.
1750. Edme Pacquetet.
1751. Nicolas Parisot.
1752. Nicolas Boutillier.
1753. Pierre Debrienne.
1754. Nicolas Paillard.
1755.   Id.
1756. Nicolas Parisot.
1757. Nicolas Boutillier.
1758.   Id.
1759.   Id. — Empereur.
1760. Nicolas Dutailly.
1761. Edme Etienne Millière.
1762. Nicolas Parisot.
1763.   Id.
1764. Clausse de Surmont.
1765. Edme Etienne Millière.
1766. Bergerac.
1767. François Aubert.
1768. Clausse de Surmont.
1769. Pierre Torcy-Voillequin.
1770. Jacques Odelin.
1771. Jacques Fréjacques.
1772. Pierre Torcy-Voillequin.
1773.   Id.
1774. Nicolas Lécuyer.
1775. Edme Etienne Millière.
1776. Edme Torcy.
1777. Bernard Lécuyer.
1778. Edme Torcy.
1779.   Id.
1780.   Id. — Empereur.
1781. Bernard Lécuyer.
1782.   Id.
1783. Jean-Baptiste Petit.
1784.   Id.
1785. Michel Pierre.
Après 1785, plus de tir.

---

(1) D'après les *Délibérations*.

5.

Officiers. Chevaliers connus (1).

1646. — Voir plus haut.
1662. — Voir plus haut.
1707. — Antoine Puissant, sergent.
1712. — Jean Baptiste Collignon, capitaine.
1713. — Jean Baptiste Collignon de Beauregard, capitaine ; Jean Baptiste Boudard, lieutenant ; Jean François Moussu, enseigne ; Boudard, sergent ; Caquia, trésorier.
1721. — Odelin, connétable ; Tripier, chevalier.
1743. — Boudard, capitaine ; Moussu, lieutenant.
1744. — Les mêmes. — Girardon, enseigne.
1746. — Moussu, lieutenant ; Odelin, enseigne ; Lescuyer, trésorier.
1747. — Clausse de Surmont, capitaine.
1748. — Clausse de Surmont, capitaine ; Bonaventure Girardon, enseigne ; Nicolas Parisot, sergent.
1751. — Clausse de Surmont, capitaine ; Maillard, enseigne ; Debrienne, trésorier ; Nicolas Parisot, sergent.
1755. — Clausse de Surmont, capitaine ; Girardon, lieutenant ; Vaillant, enseigne ; Taprest, trésorier.
1760. — Clausse de Surmont, capitaine ; Vaillant, enseigne ; Tripier, chevalier.
1761. — Clausse de Surmont, capitaine ; Parisot, enseigne ; Debrienne, trésorier ; Millière, secrétaire ; Tasprest, Degrond, Baronnet, Odelin fils, Braux l'aîné, Aubert, Robert, Huard, Pacquetet le jeune, Malard, Gouthière fils, Bour, Grammaire, chevaliers.
1762. — Clausse de Surmont, capitaine ; Vaillant, enseigne ; Pacquetet, sergent ; Edme Etienne Millière, connétable ; Nicolas Parisot, trésorier.
1765. — Clausse de Surmont, capitaine ; Torcy, enseigne ; Millière ; Pacquetet, sergent ; Langlois, secrétaire ; Aubriot, Aubert, Malard, Torcy-Voillequin, Dutailly l'aîné, Richard, Degroud, Robert, Dutailly jeune, Perrin, Odelin père, Odelin fils, Odelin *drapier*, chevaliers.
1768. — Clausse de Surmont, capitaine ; Edme Torcy, lieutenant ; Edme Etienne Millière, sous-lieutenant ; Pierre Gallée de la Neuville, enseigne ; Edme Aubriot, trésorier ; Nicolas Dutailly, secrétaire ; François Aubert, connétable ; Edme Pacquetet, sergent.
1773. — Edme Torcy, lieutenant-commandant ; Edme Etienne Millière, lieutenant en second ; Edme Aubriot, enseigne ; Dutailly, secrétaire ; Robert, trésorier ; Edme Pacquetet, sergent.
1775 — Edme Torcy, lieutenant-commandant ; Edme Etienne Millière, lieutenant ; Edme Aubriot, enseigne ; Pacquetet, sergent ; Dutailly, secrétaire.
1780. — Edme Torcy, lieutenant ; Aubriot, enseigne ; Lécuyer, connétable ; Pacquetet, sergent-major ; Robert, trésorier ; Dutailly,

---

(1) D'après les *Délibérations*.

secrétaire ; Odelin, Aubert, Parisot, Nicolas Lécuyer, Michel, Pelletier, Humblot, chevaliers.

1781. — Edme Torcy, lieutenant ; Aubriot, enseigne ; Edme Pacquetet, sergent-major ; Robert, trésorier ; Lécuyer, connétable.

1784. — Edme Torcy, lieutenant ; Bernard Lécuyer, enseigne ; Edme Pacquetet, sergent-major.

1785. — Edme Torcy, commandant ; Bernard Lécuyer, enseigne ; Nicolas Dutailly, secrétaire.

La Compagnie ne comptait alors, d'après la municipalité, que 6 chevaliers ; outre les trois officiers ci-dessus cités, il y avait : Petit, Michel Pierre et Pacquetet. D'après Torcy, le nombre des chevaliers était de 10 (1).

6.

Règlement pour la marche de l'Arquebuse et de la Milice Bourgeoise.

Le Roy étant informé des différends qui arrivent fréquemment dans la plupart des villes du gouvernement de Champagne et Brie entre la Compagnie des Arquebusiers et celle de la Milice Bourgeoise prétendant depuis principalement qu'ils sont en titre doffice que le pas de là préséance doit leur être cedés par les officiers des Arquebusiers et voulant faire cesser ces contestations par un Règlement général Sa Majesté a ordonné et ordonne ce qui suit :

Premièrement

Que les ordonnances ci devant rendues sur cette matière par les princes de Soubise et de Rohan gouverneurs et lieutenant général de Champagne et de Brie seront exécutées selon leurs forme et tenants comme ayant eté rendues par eux de l'autorité de Sa Majesté qui leur en aurait renvoyé la connoissance.

2.

Qu'en conséquence les compagnies d'Arquebusiers qui seront établies dans toutes les villes dudit gouvernement ni celles de la Milice Bourgeoises ne pourront s'assembler soit, que par les ordres et par la permission expresse du Gouverneur et lieutenant général et en son absence des Lieutenant généraux ou Lieutenants de Sa Majesté ou Gouvernement de ladite province ; lesquels ordres seront adressés aux Gouverneurs particuliers Lieutenants du Roy ou Majors des villes, et en leur absence aux Maires et Echevins des lieux ou il y a de ces Compagnies établies.

3.

Et attendu que les Compagnies des Arquebusiers sont d'une Institution très ancienne, qu'elles sont composées de l'élite des Bourgeois et habitants et qu'elles sont proprement école militaire pour instruire et

---

(1) Arch. dép. de l'Aube, *368*.

former la jeunesse à l'exercice des armes et la rendre capable de servir plus utilement dans les occasions de guerre ce qu'elles ont souvent fait avec succès qu'elles aient le pas et la préséance sur celles de la Milice Bourgeoise qui seront tenues de leur céder partout le poste d'honneur dans toutes les occasions ou lesd. Arquebusiers et lad. Milice Bourgeoise auront un ordre ou permission de s'assembler.

4.

Et pour éviter toutes contestations à l'avenir sur la marche de cest différentes Compagnies ordonne Sa Maj. qu'outre le pas et la préséance que lesdits Arquebusiers auront sur la Milice Bourgeoise elle sera tenue et obligée de laisser un intervalle de six pas de distance entre lesdits Arquebusiers et eux.

5.

Veut et entend Sa Majesté que le présent Réglement soit exécuté dans toute l'étendue dudit gouvernement selon sa forme et teneur avec défenses à toutes personnes de quelque qualité et condition qu'elles soient d'y contrevenir directement ou indirectement sous quelques causes et prétexte que ce soit à peine de désobéissance et d'être punis comme perturbateurs du repos public.

6.

Et comme Sa Majesté a été informée que la publication de la paix générale a été troublée et retardée dans la ville de Sézanne par la Mutinerie de quelque habitants du Corps de la Milice Bourgeoise qui sous prétexte de leur plus grand nombre ont refusé de se soumettre aux ordonnances rendues sur ce sujet et causé un désordre si général que le s' Marquis de Pleure gouverneur de cette ville fut obligé pour en arreter les suites fâcheuses de faire retirer les arquebusiers et de faire différer la cérémonie de cette publication, Sa Majesté a résolu que les principaux auteurs de ce désordre seront arrêtés et punis et que lad. publication sera incessamment faite dans lad. ville.

7.

Requête de Torcy à l'Intendant.

[8 octobre 1780]

A Monseigneur,

Supplie humblement Edme de Torcy (sic) marchand demeurant à Bar-sur-Aube empereur du jeu royal de l'Arquebuse de ladite ville,

Disant que par lettres patentes du mois de mai 1610 registrées en la cour des aides de Paris, portant l'établissement d'une compagnie d'Arquebuse à Bar-sur-Aube, Sa Majesté a ordonné que l'Empereur de lad. Arquebuse jouirait sa vie durant de l'exemption de tailles, corvées et autres charges de ville que les habitants seraient tenus de payer à son acquit. Au nombre des charges de ville sont compris les corvées bourgeoises : guet, garde, impositions, et le logement des gens de guerre que les habitants doivent répartir entre eux, pour procurer à l'Empereur les exemptions attachées à sa place, comme le suppliant a été reconnu Empereur de l'Arquebuse par acte d'Assemblée des notables du 25 août 1780 et qu'il désire jouir des prérogatives attribuées à ladite qualité, il a l'honneur de recourir à l'autorité de votre grandeur, et qu'il vous plaise, Monseigneur, vu la délibération prise en l'assemblée des notables de la ville de Bar-sur-Aube, le 25 août 1780, ordonner que le suppliant en sa qualité d'Empereur du jeu royal de l'Arquebuse dud. Bar, jouira conformément aux lettres patentes du mois de mai 1610 sa vie durant de l'exemption de toutes charges de ville et spécialement de l'exemption de logement de gens de guerre, suivant la décision donnée en 1746 par Mgr Le Pelletier de Beaupré, avec défense à MM. les officiers municipaux de comprendre le suppliant dans l'état des logements et en cas de contravention que le suppliant soit autorisé à faire conduire à l'auberge les officiers ou soldats qui lui seraient envoyés et à répérer contre le receveur de la ville la dépense qui aurait été occasionnée par ledit logement. Le suppliant ne cessera de former des vœux pour la conservation de Votre Grandeur.

De Torcy.

(Arch. comm. *Délibération.*)

8.

Réponse de l'Intendant.

A Châlons le 17 décembre 1780.

J'ai examiné, Messieurs, toutes les pièces que vous m'avez adressées à l'occasion de la demande faite par le s. Torcy pour jouir des privilèges et exemptions attribués de l'Empereur à la Compagnie de l'Arquebuse de notre ville et j'ai rendu l'ordonnance que vous trouverez ci-jointe et dont j'envoie copie au s. Torcy. Vous voudrez bien vous y conformer en ce qui vous concerne. Les motifs qui m'ont donné lieu de rendre cette ordonnance y sont trop détaillés pour que j'aie besoin de vous les rappeler ici. Elle est d'ailleurs fondée sur l'usage constamment suivi dans toutes les villes de la Champagne même dans celles où les troupes tiennent garnison.

Le défaut de confirmation de privilège ne peut être objecté au s. Torcy d'abord parce que ces sortes de compagnies prétendent que leurs privilèges ne sont point sujets à confirmation et en effet depuis plusieurs règnes aucunes de ces compagnies en Champagne ne les ont fait renouveler et ensuite parce que dans les cas où ces lettres de confirmation seraient nécessaires, ce serait aux villes à la solliciter et à en faire les frais.

Vous remarquerez au surplus qu'en accordant au s. Torcy l'exemption de logement de gens de guerre, qu'on ne pouvait lui refuser, j'ai fixé modérément son privilège de taille, en suivant aussi à cet égard l'usage de cette province. En effet, en 1610, on ne distinguait pas pour l'imposition de la taille relativement au commerce ou industrie de celle des biens fonds en propriété ou en exploitation. Si on accordait ce dernier privilège au s. Torcy, ce serait l'assimiler à la noblesse ou aux officiers pourvus de charges donnant la noblesse qui ont seuls, d'après les derniers règlements et l'édit de 1766, le droit de faire valoir des biens fonds en exemption de taille.

Mais j'ai remarqué avec surprise que par le dernier article de votre délibération du 26 novembre dernier, vous prenez sur vous de détruire et supprimer votre compagnie d'arquebuse ou au moins que vous refusez de la reconnaître à l'avenir et de la laisser jouir d'aucuns privilèges. Avez-vous pu penser, Messieurs, que vous aviez le droit d'anéantir un établissement et des privilèges institués par des Lettres Patentes registrées dans les cours. Vous n'avez d'ailleurs pas fait attention que toutes les Compagnies d'Arquebuse du Royaume sont sous la protection de S. A. R. Mgr le duc de Bourbon qui en prend le titre de Grand-Maître.

ROUILLÉ.

(Arch. dép. de l'Aube., *C. 368.*)

9.

Mesurage de l'Arquebuse (an 4).

Le Bâtiment avec la petite place qui est en devant de la porte d'entrée avec le jardin en le Boulingrin contient tant en longueur qu'en largeur 66 cordes 10 pieds ou 10 boisseaux 1|2 1 corde 5 pieds.

Le pré en luzerne qui est en devant dud. bâtiment contient trente cordes 6 pieds 10 pouces 6 lignes ou 4 boisseaux 1|2 1 corde 10 pouces 6 lignes.

Le bâtiment a quarante-six pieds six pouces de longueur sur vingt-un pieds deux pouces de largeur hors d'œuvre, les deux petites tourelles qui sont en la face de devant font avant corps de neuf pieds sept pouces et ont de largeur onze pieds deux pouces, font aussi par derrière jusque contre le mur de la gouttière trois pieds d'avant corps le tout hors d'œuvre.

(Arch. comm.; *Biens Nationaux.*)

10.

Médaille.

Le regretté Abbé Blampignon, qui était si versé dans l'histoire de notre ville, m'a dit avoir vu une fois une médaille en argent de l'Arquebuse de Bar-sur-Aube. Cette médaille était à l'effigie de Louis XIV et portait au revers une inscription entourant les armes de la ville avec deux arquebuses et deux drapeaux.

Il ne se souvenait pas d'autre chose à ce sujet.

EUGÈNE MAURY.

FIN

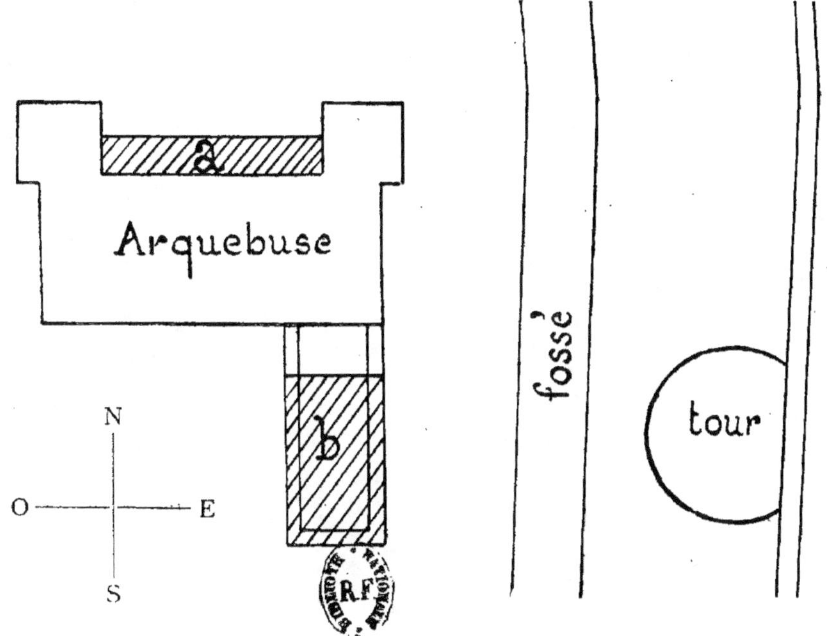

PLAN DE L'ARQUEBUSE

d'après le plan d'alignement de 1769
conservé à la Bibliothèque municipale de Bar-sur-Aube.

a. Cette partie a été ajoutée.
b. Partie supprimée actuellement.
La tour existe encore, de même que le fossé.